D1665776

edition.K · Berlin

Faksimile der 1921 veröffentlichten Feldpostbriefe Harry Graf Kesslers
(unter Verwendung der originalen Umschlagsgestaltung von Georg
Alexander Mathéy)
mit Begleitband
Auflage 1.000 Exemplare

© 2014 Felix Brusberg / edition.K · Berlin
Grafische Gestaltung: IONDESIGN GmbH · Berlin

Umschlagfoto: DLA Marbach
Druck: Druckhaus Köthen
ISBN: 9783940909046

Felix Brusberg · Sabine Carbon (Hg.)

Begleitband zu Harry Graf Kesslers Feldpostbriefen

Mit Beiträgen von

Felix Brusberg

Sabine Carbon

Peter Grupp

und Florian Illies

edition.K

Inhaltsverzeichnis

Vorwort der Herausgeber

»Dieser Druck ist vertraulich. Es wird gebeten ihn nicht zu verleihen oder aus der Hand zu geben.«

So vermerkte es Harry Graf Kessler in der 1921 als »Privatdruck« erschienen Ausgabe der Feldpostbriefe. Lediglich 130 Exemplare ließ er in der Werkstatt seiner Cranach-Presse drucken – 100 davon auf Maschinenbütten, 30 auf handgeschöpftem Maillol-Kessler-Bütten. Die Bücher waren nummeriert und der Besitzer sollte seinen Namen eintragen, wenn dies nicht bereits durch Kessler, den Autor, Verleger und schenkenden Freund, geschehen war. Es handelt sich um eine halböffentliche Publikation, die mit einer intimen Geste verbunden wurde. Wollte Kessler 1921 eventuell noch Rücksicht auf persönliche und politische Gegebenheiten nehmen, so sind diese Gründe nach nunmehr über 90 Jahren nicht mehr gegeben. Alle seinerzeit handelnden und erwähnten Personen sind lange tot. Eventuell befürchtete persönliche oder politische Implikationen aufgrund der in den Briefen enthaltenen Aussagen sind heute ausgeschlossen.

Kessler hätte die Briefe 1921 auch durch zahlreiche Stellen aus seinem Tagebuch ergänzen können. Doch die Briefe waren bereits die für den Freundeskreis freigegebenen Surrogate seiner ganz persönlichen und offensichtlich nur für ihn selbst bestimmten Aufzeichnungen. Aber er veröffentliche die Briefe nicht vollständig. Gerade Textstellen, in denen er sich noch mit nationalistisch-kolonialer Phantasie Weltreiche von Riga bis Kapstadt ausmalt – nach dem Sieg selbstverständlich – wurden nach Niederlage und Depression entfernt. Erstaunlich genug, dass Kessler seine anfänglichen Fehlspekulationen über einen in wenigen Wochen zu gewinnenden Krieg für den Druck von 1921 nicht korrigierte. Er scheint vor allem an einer möglichst wahrhaftigen Wiedergabe der Briefe, die die Kriegsmomente und die dazu gehörige psychische Verfassung nicht ausklammern, interessiert gewesen zu sein.

Was war das Ziel dieses Buches? War es der Wunsch, dem eigenen Werk eine weitere Veröffentlichung hinzuzufügen, die gefallenen Freunde zu ehren? Waren die Ungeheuerlichkeiten dieses Krieges so groß, dass es eines kollektiven Leseerlebnisses bedurfte, um ihn zu verarbeiten? Kannte Kessler möglicherweise Jüngers bereits 1920 erschienenes Buch »In Stahlgewittern«, in dem, wie in Kesslers Feldpostbriefen, die moralischen Empfindungen aus Friedenszeiten mitunter versagen und Schizophrenie an ihre Stelle tritt?

Diese Fragen bleiben letztendlich unbeantwortet. Leider finden sich für die Zeit des Drucks um Ostern 1921 keine Tagebucheinträge, die die Motivation und die Arbeit an den Feldpostbriefen beleuchten würden.

Es ist erstaunlich, dass diese Briefe in ihrer Gesamtheit noch nie der breiten Öffentlichkeit zugänglich gemacht wurden. Einzelne Passagen sind den bei Klett-Cotta publizierten Tagebüchern Kesslers zu entnehmen; einige Briefe wurden nach den Handschriften gedruckt, etwa die an Hugo von Hofmannsthal und Eberhard von Bodenhausen – aber es gibt andere, etwa an Gustav (Musch) Richter, die bis heute ausschließlich durch den Privatdruck von 1921 überliefert sind.

Die Briefe enthüllen ein heute kaum noch verständliches Weltbild: Der Kosmopolit und spätere Pazifist Kessler ist keineswegs frei von Nationalismus, Rassismus und Antisemitismus. Und genau das macht diese Quelle aus, zeigt den grässlichen Zeitgeist. Ein Ästhet, ein humanistisch gebildeter Mensch wie Kessler, auch er ist nicht gefeit gegen die Vorurteile und die Kriegsbegeisterung seiner Zeit. Trotzdem deutet sich in den Briefen vereinzelt bereits eine Veränderung seiner politischen und nationalen Überzeugungen an. Kessler erlebt den Kollaps des Kaiserreichs und der Welt, wie er sie kannte. Ohne jegliches Selbstmitleid zieht er die Konsequenzen. Nach 1918 wendet er sich pazifistischen Strömungen und Vereinigungen zu, entwickelt »Richtlinien für einen wahren Völkerbund« und wird (erfolglos) Reichstagskandidat der Deutschen Demokratischen Partei.

Diese von einordnenden Texten begleitete Faksimile-Ausgabe ist ein erster Schritt, Kesslers Feldpostbriefe in die öffentliche Diskussion zum Ersten Weltkrieg einzubringen. Gleichzeitig hoffen wir auf eine zukünftige kritische Edition mit Stellenkommentierung, einer umfangreichen politisch- und militärhistorischen Betrachtung, Karten- und Fotomaterial sowie einer Einordnung der Dokumente in die Gattung »Feldpostbriefe«. Auch wäre es reizvoll, die Reaktionen seiner Zeitgenossen auf die Feldpostbriefe zu sichten und beizufügen. So bekommt Rudolf Borchardt diese von Bodenhausen übersandt und äußert sich bewegt:

»Mein lieber Baron Bodenhausen, Kesslers prachtvolle Briefe habe ich erhalten und weiss Ihnen aufrichtigen Dank für die Mitteilung so ausserordentlicher Zeugnisse für Geist und Gestalt der Zeit. Ich bewundere die Meisterschaft der ganz augenscheinlich unwillkürlichen Darstellung, die nirgends »wählt« und doch immer vom gewähltesten Charakter ist, hier fast noch mehr als in den früheren Briefen. Ich hoffe er wird diese Seiten später der Welt nicht verbergen und vielmehr seinen Teil zu dem wenigen geistig fortlebenden steuern, das der Krieg in Deutschland hervorbringt.«[1]

Wir danken Peter Grupp und Florian Illies für ihre Beiträge zu dieser Publikation, die das Koordinatensystem Kesslers und ihn selbst als Weltmann und Ästheten im Felde porträtieren; und wir hoffen auf engagierte Leserinnen und Leser, die das gerade in den Feldpostbriefen so widersprüchliche Phänomen Kessler weiter erkunden wollen.

Felix Brusberg und Sabine Carbon   Berlin, Mai 2014

[1] Dankenswerter Hinweis von Prof. Dr. Gerhard Schuster, Borchardt-Archiv:
Brief Rudolf Borchardt an Eberhard Freiherrn von Bodenhausen, Müllheim, 15. August 1915
Aus: Rudolf Borchardt: Briefe 1914-1923 S.71-73

Florian Illies
Warum uns Harry Graf Kessler interessieren muss

Er konnte so herrlich genervt sein. Wenn die Damen zu schlecht
tanzten. Wenn ihm die Kunst nicht gefiel. Wenn andere lamen-
tierten. Wenn andere zu stark schwitzten. Oder die falsche
Kleidung trugen. Dann notierte er in sein Tagebuch: »Munch
behauptet, er sei krank«, oder er schreibt: »Eine größere Ver-
sammlung von Menschen wirkt immer ekelerregend.« Und als er
am 5. November 1895 mit dem Kaiser auf eine Hubertusjagd
zieht, da verteilt der 27jährige Harry Graf Kessler abends in
seinem Notizbuch Haltungsnoten für Seine Majestät: »Der Kaiser
sieht im Jagdkostüm unvorteilhaft aus, dick und unförmlich, die
abnorm breiten Hüften und das fast weiblich entwickelte Hinter-
teil fallen im Frack mehr auf als in Uniform.«

Hier spricht der Kenner. Denn kaum jemand achtete so sehr
darauf, tagsüber in Uniform und abends im Frack eine gute Figur
zu machen, wie Harry Graf Kessler. Er war ein Verwandlungs-
künstler, der morgens mit Prinzen im Hotel Savoy frühstückte und
danach Munch in seiner heruntergekommenen Atelierwohnung
besuchte, nachmittags in Potsdam mit den Kameraden aus dem
3. Garde-Ulanen Regiment ausritt und abends dann, nach einem
römischen Bad, mit den Damen der Berliner Gesellschaft wie
etwa der Gräfin von Schlitz den Cotillon tanzte, bis er sich
gelangweilt zurückzog, um in die Kneipe zu gehen – oder um zu
Hause Ibsen zu lesen: »Ich werde hier immer mehr in die Gesel-
ligkeit hineingezogen. Resultat, Arbeit = Null.« Nicht ganz.
Resultat: 57 vollbeschriebene Tagebücher aus der Zeit von 1880
bis 1937. Und diese 57 Tagebücher haben sich wie durch ein
Wunder alle bis heute erhalten – einige von ihnen tauchten erst
vor ein paar Jahren in einem Banksafe auf Mallorca auf, der
nach fünfzigjähriger Mietzeit von den Bankbeamten gewaltsam
aufgebrochen wurde.

57 Tagebücher, in denen Kessler sage und schreibe über
40.000 Menschen erwähnt, mit denen er frühstückt, mit denen er
reitet, mit denen er streitet, die er liebt. Es ist ein ungeheures
Leben, das sich da ereignet – der Sechsjährige bringt Bismarck

11

einen Blumenstrauß ans Krankenbett, während Kaiser Wilhelm I. seine Mutter Alice zu seiner Geliebten macht, dann geht der junge Harry in Ascot zur Schule, bringt später die moderne Kunst nach Deutschland, wofür ihn Deutschland liebt und natürlich auch hasst, er reist nach Mexiko und Hongkong, nach New York und nach Tokio, ist befreundet mit Hofmannsthal und Rodin, ist mal Mäzen, mal Diplomat, mal Dandy, mal cooler Hund, er verschränkt die Kaiserzeit mit der Weimarer Republik und stirbt, nachdem er seine vielen Millionen durchgebracht hat (sein Erbe hatte kanadische Wälder in der Größe Bayerns umfasst) 1937 völlig verarmt und zerknirscht im Exil in Lyon. Was für ein Leben.

Jetzt endlich kann es besichtigt werden. Sehr lange wurden wir vom Marbacher Literaturarchiv und vom Cotta-Verlag auf die Folter gespannt, doch nach manchen Jahrzehnten des Wartens erscheinen seit dem Jahre 2004 endlich Kesslers Tagebücher in einer neunbändigen Edition. Und mit diesen Tagebüchern beginnt nun glücklicherweise endlich die Person Kessler auch in breiteren Kreisen bekannt zu werden. Es ist absurd, dass in Berlin, dieser geschichtsversessenen und geschichtsvergessenen Stadt, keine Straße nach dem vielleicht kultiviertesten Dandy der Jahrhundertwende und Gründer der Kunstzeitschrift PAN heißt und noch nie eine Ausstellung an diesen vielleicht ungewöhnlichsten, umtriebigsten, modernsten Manne der deutschen Jahrhundertwende erinnert hat.

Neben den Tagebüchern und Peter Grupp, dessen Lebensbeschreibung 1995 eine erste Welle der Neugier auf Kessler auslöste, kann man heute bei der Wiederentdeckung Kesslers vor allem auch auf die vor kurzem in Deutsch erschienene Biographie des amerikanischen Historikers Laird M. Easton zurückgreifen, der sich zehn Jahre lang in dessen Leben vertieft und intensiv die gesamten 57 Tagebuchbände ausgewertet hat.

Und doch muss die wahre Biographie des schöngeistigen Grafen erst geschrieben werden. Denn der Historiker Easton hat sich zu sehr auf den Soldaten in den Karpaten und Verdun, den ungeschickten Diplomaten, den Vortragsreisenden, den Pazifisten konzentriert. Die politische Biographie Kesslers erzählt die Geschichte eines Mannes, der sein Leben lang sehnlichst versuchte, Botschafter zu werden, aber schon die kleinsten diplomatischen Missionen vergeigte: aus Ungestüm, aus Pech oder aber, wie meist, weil er die wahren politischen Machtverhältnisse falsch einschätzte.

Easton hat große Sympathie für seinen Helden, und vielleicht gerade deswegen gelingt es ihm auch, anschaulich zu schildern, woran Kessler immer wieder scheiterte: an sich selbst. So mitreißend sein Enthusiasmus war, so ziellos war er; er plante immer mehrere riesige Projekte gleichzeitig, ein Libretto mit Hofmannsthal, einen Vergil-Druck mit Maillol, ein Nietzsche-Denkmal mit van de Velde. Er wollte die Polen mit den Deutschen versöhnen, die Deutschen mit den Franzosen und, als inoffizieller Gesandter Berlins in Genf, den Völkerbund mit Berlin. Und er tat es auch immer mit viel Eleganz und Eloquenz, aber letztlich konfliktscheu und realitätsverdrängend. Kessler agierte ein Leben lang an der Grenzlinie zwischen Kunst und Politik, doch je näher er der Politik kam, umso hastiger und umso erfolgloser wurde er.

Dank Eastons Biographie wissen wir heute auch von Liebesgeschichten Kesslers. Während im ersten Band der Ausgabe der Tagebücher von 2004 den Lesern noch groteskerweise weisgemacht werden sollte, dass die Verhältnisse Kesslers zu Regimentskameraden nicht über das damals übliche Freundschaftsverhältnis unter Soldaten hinausgingen, lernt der Leser in Eastons Buch mit Otto von Dungern, Schoeler (einem vornamenlosen Staatsadjutanten), Gaston Colin (einem Radfahrer, den Kessler mit Reifen für die Tour de France unterstützte) und Max Goertz vier von Kesslers Liebhabern genauer kennen. Und doch fehlt vieles – vielleicht muss man sogar sagen: das Zentrale, nämlich die Biographie des Augenmenschen Kessler. Und natürlich seine Rolle als Kulturvermittler – allein und mit Hilfe seiner maßstabssetzenden Zeitschrift PAN. Nur jemand, der ganz seinen Augen traut, kann, während um ihn herum die Franzosen und die Deutschen gegenseitig die Messer wetzen, mit einem einzigen Satz die Kunst des Erzfeindes über die der Heimat stellen: »Man vergleiche Overbeck mit

Ingres, Feuerbach mit Puvis de Chavannes, Böcklin mit Delacroix, Leibl mit Manet; lauter zweite Garnituren.«

Hundert Jahre später, am Anfang des 21. Jahrhunderts, wünscht man sich diese Klarheit des Urteils und diese Präzision der ästhetischen Argumentation, diese unauflösliche Verbindung zwischen Kunst und Kunsthandwerk, die aus allen Schriften Kesslers spricht, sehnlichst zurück.

Vor der Unbarmherzigkeit seines Blickes war niemand sicher. Nicht der Kaiser, nicht Rodin – nicht er selbst. Mit einer ganz ungewöhnlichen Mischung aus Nüchternheit und Sinnlichkeit zieht da einer Abend für Abend in seinem Tagebuch Bilanz. Das Tagebuchschreiben scheint der einzige Ruhepol in diesem rastlosen Leben gewesen zu sein, das einzige Kontinuum. Er reist zwischen zwanzig und dreißig sage und schreibe zweimal um die ganze Welt – und die zweite Reise beginnt er Hals über Kopf, als seine große Liebe Otto von Dungern die Tochter des Potsdamer Kommandeurs heiratet. Mittags ist er noch Trauzeuge in der Garnisonskirche, am nächsten Morgen schon besteigt er in Cuxhaven das Schiff nach Mexiko, um seinen tiefen Schmerz durch Weltflucht zu bannen. In seinen 1898 erschienenen »Notizen über Mexico« schreibt er in einer Vorrede: »Unsere Zeit ist möglicherweise die letzte gewesen, zu der man noch reisen konnte.« So schaut er immer wieder verwundert und begeistert auf sich und seine Zeit – und besucht jedes Atelier, jede Theateraufführung, jede Galerie, jedes Land und jeden Ball. So ist seine unbändige Lust an der Gegenwart, deren Geheimnisse und Weiten er auskosten will, so gut es nur irgend geht, die geheime Antriebsfeder für dieses Leben wie im Rausch.

1895 schon schreibt er in sein Tagebuch: »Wir Modernen werden immer unfähiger in der Wirklichkeit, immer mehr darauf angewiesen, in der Sehnsucht, im Wunsch, im Traum zu genießen« – Harry Graf Kessler jedoch hatte noch diese seltene Fähigkeit, die Wirklichkeit zu genießen, und er tat alles dafür, sie nicht verkümmern zu lassen. »Man muss sinnlich sein, um Mensch zu sein«, schreibt er und frohlockt über den Duft des Flieders und die Schönheit der märkischen Kiefern, er badet in der Mosel und im Atlantik – und er versinkt fast verzückt in den Fluten eines Monet. Und doch streift er nie den Kitsch.

Im Jahre 1902, mit Mitte dreißig, landet Kessler in Weimar. Er wird Direktor des Großherzoglichen Museums – und in einem ungeheuren Kraftakt holt er die Moderne in die deutsche Provinz. Innerhalb von drei Jahren zeigt er große Ausstellungen von Gauguin, Kandinsky, Cézanne, Klinger, Bonnard, Monet, Rodin, lädt Hofmannsthal, Hauptmann, Rilke und Gide zu regelmäßigen Lesungen ein, und – schon bevor er selbst umgesiedelt war – vermittelte er Henry van de Velde in die Stadt, den großen belgischen Gestalter, der erst Kesslers Wohnung in der Cranachstraße 15 zum Gesamtkunstwerk macht (auch schon dessen Berliner Wohnung hatte er eingerichtet) und der dann in Weimar die Fundamente für das Bauhaus legt. Und van de Velde entwirft 1898/99 für Graf Kesslers Arbeitszimmer in Weimar einen Stuhl, in dem sich das ganze Tempo und das Verschlungene der Linien des Jugendstils vereinigen. Nach vier Jahren wurde Kessler in Weimar sein Stuhl aber vor die Tür gesetzt: Kessler, der virtuos sein Spiel zwischen Hof und Bohème betrieb, war nach dem Tod der kunstsinnigen Caroline deren Gatten, dem tumben Großherzog Wilhelm, ausgeliefert.

Kessler hatte versucht, Weimar, diesen Ort der Ruhe und der Klassik, mitzureißen in die Moderne, in seinen Tagebüchern findet man immer wieder, wenn er über Künstler schreibt, nur ein Wort unterstrichen: »Bewegung«.

Wer so die Bewegung liebte wie er, der musste Rodin verfallen. Am 14. Februar1895 schon schrieb er in sein Tagebuch, dass für ihn nur die Künstler ernstzunehmen seien, denen es gelinge, Bewegungen einzufangen. »Mir für meinen Teil bereitet oft die Art, wie ein Mädchen die Füße beim Tanzen setzt oder wie ein junger Offizier sein Pferd zwischen den Schenkeln hält, eine Freude, die mir in der Art keins von den orthodoxen Kunstwerken gewähren kann.« So stieß er wohl auf Rodins Aquarelle, jene mit einem kühnen Pinselstrich verfeinerten Bleistiftzeichnungen, mit denen der alternde Künstler die flüchtigen Drehungen

15

und Wendungen der jungen Modelle mit jagendem Strich einzufangen versuchte, die sich in seinem Atelier räkelten und vor ihm tanzten. Vierzehn dieser Zeichnungen, die Sinnlichkeit mit Bewegungsrausch zu versöhnen scheinen, schenkte Rodin dem Weimarer Großherzog als Dank für die Verleihung der Ehrendoktorwürde.

Mit dem Bleistift, der gerade noch die Schenkel gebannt und die Brüste eingefangen hatte, schrieb Rodin auf das Passepartout: *Hommage respectueux de Auguste Rodin au Grand-Duc de Weimar.* Als Kessler diese Zeichnungen im Museum am Karlsplatz ausstellte, implodierte das Projekt Moderne. Erst tobte die Presse, bald schon auch der Großherzog, der Kaiser im fernen Berlin grollte *abscheulich,* und dann durfte Kessler seinen schicken Hut nehmen. Dass er, dieser Liebhaber des Tempos, am Ende selbst wieder in Bewegung gesetzt wurde durch den großen Meister der bewegten Linie, das dürfte Harry Graf Kessler als sehr stilvoller« Schicksalsschlag erschienen sein.

Es scheint, als sei sehr lange unter den Arabesken seines Lebens und den kunsthandwerklichen und bibliophilen Schnörkeln und Ästhetizismen Kesslers revolutionärer Ansatz verborgen geblieben. Doch nun, mit einem Jahrhundert Abstand, zu einem Zeitpunkt, an dem sich Kunst und Kunsthandwerk wieder meilenweit zu entfernen scheinen, an dem bewusst zeitgenössisches Wohnen nur im Retro Stil möglich zu sein scheint, an dem Books on demand und Internet die Sehnsucht nach dem Bleisatz und der gehobenen Buchausstattung wachsen lassen, an dem der Markt den Geschmack dominiert und nicht der Geschmack die Kultur, genau da erhebt sich Kessler aus der Vergangenheit wie ein Titan. Es wird wirklich Zeit, dass wir ihn und die Kühnheit, die Offenheit und die Entschiedenheit seines ästhetischen Programms zurückerobern.

Abdruck des Textes mit freundlicher Genehmigung des Autors.
Der Text von Florian Illies erschien erstmals im inzwischen vergriffenen Ausstellungskatalog »Hommage à Harry Graf Kessler« aus Anlass der gleichnamigen Kabinettausstellung im Bröhan-Museum Berlin im Jahr 2007

Peter Grupp

Der Ästhet in Uniform
Harry Graf Kessler als Soldat in Frieden und Krieg

Es gibt kaum ein Buch zur Geschichte des Wilhelminischen
Kaiserreichs oder der Weimarer Republik, in dem man Harry
Graf Kessler nicht erwähnt fände – als Handelnden oder,
häufiger, als Zeitzeugen und Urheber prägnanter Zitate. Fällt
sein Name, denkt man gewöhnlich an den Schreiber eines
der gehaltvollsten Tagebücher überhaupt, an den Biographen
Walther Rathenaus, an den Publizisten, den Weimarer Kulturre-
former und Gründer der Cranach-Presse, den Mitarbeiter Hugo
von Hofmannsthals und Richard Strauss' oder den großzügigen
Förderer Aristide Maillols und Edvard Munchs – daneben noch
an den Diplomaten, Pazifisten oder den so genannten »Roten
Grafen« – gemeinhin aber nicht an den Soldaten. Und dennoch
stellt das »Soldatsein« einen ganz wesentlichen, aber meist
wenig beachteten Aspekt der Persönlichkeit Kesslers dar.

»Homme de lettres« und Reserveoffizier
Für einen jungen Mann seines Herkommens und seines Standes
– der Vater ein bestens vernetzter, ob seiner Erfolge geadelter
Geschäftsmann, die Mutter aus irischem Landadel – war es eine
Selbstverständlichkeit, dass er Reserveoffizier wurde, auch war
zu erwarten, dass er sich dazu ein vornehmes Regiment wie die
III. Garde-Ulanen aussuchen würde. Kessler strebte aber nicht
nur aus Konvention oder Opportunismus den Offiziersrang an,
sondern durchaus auch aus Neigung. Er fühlte sich bei seinem
Regiment überaus wohl, beteiligte sich aktiv an dessen sozialem
Leben mit Skatrunden, Liebesmahlen und Kaisergeburtstagsfei-
ern. Auch in der Folgezeit nahm er regelmäßig an Übungen
und Manövern teil, und hat später die Erinnerungen an die in
Potsdam verbrachte Zeit, zusammen mit denen an die Schul-
jahre im englischen Ascot, als die »glückhaftesten« seines
Lebens bezeichnet. In Lebenskrisen, wenn der eine oder andere
hochfliegende Plan zerschlagen wurde, hat er sich geradezu
dorthin geflüchtet.

17

Zum einen suchte und fand Kessler in dem naturverbundenen, einfachen Lebensgefühl der Manöver wohl einen heilsamen Kontrast zu dem oft überraffinierten, hochartifiziellen Dasein der Welt der Künstler, dem bisweilen etwas morbiden Ambiente der Fin de Siècle–Kultur und seinem dandyhaften Lebensstil. Zum anderen darf seine vehemente Ablehnung des konventionellen Kunstverständnisses Wilhelms II., überhaupt sein Missbehagen an der ganzen Person des Kaisers, nicht verkennen lassen, dass Kessler in politischer und gesellschaftlicher Hinsicht voll und ganz auf dem Boden des deutschen Kaiserreichs stand. Nimmt man »Potsdam« als Chiffre für ein ganzes System, so befürwortete und bewunderte er dieses. Den Typus des preußischen Offiziers schätzte er hoch, sah in ihm einen wichtigen Kulturträger; Krieg als legitimes Mittel der Politik stellte er nie in Frage. 1911 widerspricht er seiner Schwester, die den Soldaten als antiquierte Erscheinung betrachtet, betont demgegenüber, er kenne keine hohlere Utopie als die des ewigen Friedens, und schreibt, er gäbe keinen Pfennig für eine Welt, die die Möglichkeit des Krieges nicht mehr kenne. Wenige Tage später meint er, in einer heutigen Ohren zynisch anmutenden Formulierung, Krieg werde für jedermann sehr unerfreulich sein, aber, aufs Ganze gesehen, gesund für die, die ihn überlebten. Der klassisch Gebildete sieht im Krieg den Vater aller Dinge.

Kessler hatte zum Soldatentum ein unverkrampftes, selbstverständliches Verhältnis, das er weder reflektierte noch hinterfragte. Der Kontrast zu seiner permanenten Auseinandersetzung mit Fragen von Kunst, Literatur, Ästhetik, Ethik, Sexualität oder auch Politik und Gesellschaft ist ganz auffällig. Letztlich entsprach seine Stellung zum Militär dem der großen Masse seiner Zeit- und Standesgenossen. Seine Tagebücher und Korrespondenzen aus dieser Zeit haben daher für die Militärgeschichte der Friedensjahre des Wilhelminismus auch nur einen mäßigen Quellenwert. Das ändert sich völlig mit dem Weltkrieg.

Soldat an der Front und in der Etappe
Den Kriegsausbruch im August 1914 registriert Kessler durchaus

gefasst; wie die Mehrzahl der Bevölkerung gibt er sich der
Kriegsbegeisterung hin. Und dies ganz unbeschadet der
Tatsache, dass er sich selbst als Sohn dreier Vaterländer
gesehen hat und dass er die letzten Jahre vor Kriegsausbruch
fast mehr in Paris und London als in Berlin oder Weimar zuge-
bracht hatte. Zwar wird das »Augusterlebnis« in der neueren
Forschung zuweilen grundsätzlich in Frage gestellt, zumindest
ernsthaft hinterfragt – Kessler aber hat es zweifellos mitgerissen,
hat vieles aus seiner Vergangenheit einfach hinwegge-
schwemmt. Er zieht in den Krieg und lässt keinen Gedanken an
seine zahlreichen Künstlerfreunde und Bekannten in den Län-
dern der Kriegsgegner zu.

Zunächst führt er als Rittmeister d.R. eine Munitionskolonne
des Gardereservekorps, anfangs in Belgien, dann in Ostpreu-
ßen und Polen, bevor er in der Ukraine als Ordonnanzoffizier
beim württembergischen XXIV. Reservekorps eingesetzt wird.
1916 scheidet er nach kurzem Aufenthalt an der Westfront aus
dem aktiven Dienst aus und wird zur deutschen Gesandtschaft
in Bern kommandiert, wo er sich mit der Leitung der Kulturpropaganda beauftragt sieht, für die er seine diversen Künstlerfreunde einspannt. Zugleich hat er Anteil an den zahlreichen,
oft unverbindlichen und undurchsichtigen, aber immer mit Eifer
betriebenen Friedenssondierungen. Gelegentlich weilt er im
Großen Hauptquartier, begegnet dort Erich Ludendorff und Paul
von Hindenburg, häufig reist er nach Berlin, wo er im Auswärtigen Amt Bericht erstattet. In der »Mittwochgesellschaft« und
anderen Gesprächskreisen und Zirkeln trifft er, was Rang und
Namen hat, beteiligt sich rege an den tagespolitischen Diskussi-
onen.

Der Krieg ist ihm anfangs »a fine and almost enjoyable
adventure«, wie es in einem Brief an die Schwester heißt, ein
ästhetisches Schauspiel, wobei das Schlachtfeld wie ein
Gemälde geschildert wird. Den Führer der Nachschubkolonne
hält es nicht hinten, er reitet hinaus, dorthin, wo ihm der Kano-
nendonner am stärksten scheint und notiert am 21. November
1914 in seinem Tagebuch: »Herrlich klares kaltes Winterwetter.

Die Wege hart gefroren. Die Landschaft mit Schnee wie gepudert. Heller Sonnenschein. Hinter Kiedrzyn fallen die Hügel scharf ab; man überblickt die ganze weisse Ebene, auf der die Schlacht tobt; schwarze Waldstücke heben sich von der Schneedecke ab, dazwischen Baumgruppen und dunkle Mauerreste von Dörfern. Die vordersten sind ganz ausgebrannt. Dahinter steigen aus noch brennenden grosse Rauchsäulen, auch schwach im Sonnenlicht rötliche Flammen zum Himmel.« Bei den Kämpfen am Bug erlebt er »Rembrandtsche Stimmung«, die ausgebrannten, wüsten und leeren Dörfer lassen ihn an Pompeji denken, er bewundert »die Schönheit unserer vorwärtsstürmenden Regimenter«, sieht in den Gesichtern der Offiziere im Schützengraben »jenen schönen, losgelösten Ausdruck, der auf griechischen Grabstelen so ergreifend ist«, und schwärmt vom »griechischen Todesgott«, dem »schönen Jüngling mit sanften Schwingen«. Die Parallele mit seinen zahllosen Notizen zu den in den Jahrzehnten vor dem Kriege betrachteten Kunstwerken ist frappierend.

Auch nachdem er die Schrecken des Krieges sehr drastisch vor Augen geführt bekommen hat, stellt Kessler dessen Sinnhaftigkeit nie in Frage. Anders als manche seiner Künstlerfreunde bleibt er dem Pazifismus fern, und dies durchaus reflektiert und bewusst, wenn er Ende März 1918 schreibt: »Der Pazifismus ist schwach, weil er letzten Endes negativ ist: ,Kein Krieg, keine Gewalt', ohne irgendetwas Schöpferisches, Formendes an die Stelle der Gewalt zu setzen [...] Bestenfalls ist der Pazifismus ein dürftiger Notbehelf; und man weiss nicht einmal, ob er nicht Besseres, mit dem vielleicht die Zeit schwanger geht, unterdrückt.« Anders als seine guter Bekannter Walther Rathenau hat Kessler kein Gespür für das schicksalhaft Neue, das mit dem Weltkrieg hervorgetreten ist, das letztlich das Ende des alten Europa einläuten und die Urkatastrophe des 20. Jahrhunderts heraufbeschwören sollte. Trotz eines scharfen Blicks für die Unzulänglichkeiten vieler militärischer Führer, die er aus der Nähe beobachten kann, bleibt sein Vertrauen in die Kriegsmaschine als Ganzes ungebrochen und wird gelegentlich fast mystisch verklärt - so am 30. Dezember 1917: »Man muss immer wieder bewundern, wie fein und zweckmässig unter dem Drucke schrecklichster Not in der Hand Ludendorffs die militärische Maschine sich entwickelt und fortwährend neuen Gefahren angepasst wird. Hinter ihr sitzt Berlin, sitzen die Tausende von Bureaus und Ämter in der Heimat, die Theater, Dichter, Maler, kleinen Damen und leben fort in Sicherheit ihr kaum gestörtes Leben: man spielt ,Don Carlos', geht zum Fünf-Uhr-Tee, diskutiert, verdient Geld, liebt oder intrigiert, und ringsum schützt nur diese feine, gewaltige, fortwährend sich erneuernde, aus menschlichen Leibern gefügte, vom Geiste Ludendorffs und seines Stabes beseelte Maschine die künstliche Friedensinsel vor gewaltsamem Untergange. Dass der Damm, der den Einbruch der Sündflut abwehrt, seine Kraft von einer so unendlich feinen, lebendigen, geistvollen Konstruktion hat, die den Verästelungen und Feinheiten der von ihm geschützten Welt sogar noch überlegen ist, dass er ausserdem aus Todesmut und den edelsten menschlichen Opfereigenschaften aufgebaut ist, macht seine Schönheit.«

In Bern und Berlin erlebt er den Krieg aus völlig neuer Perspektive. Nicht mehr aus der des Kämpfenden, sondern aus jener der Organisatoren und Strippenzieher in der Etappe, die das Schicksal derer an der Front entscheidend bestimmen. Hier erkennt er die Hintergründe, den Charakter des Krieges als quasi industrielles Großunternehmen und riesiges Geschäft, Dinge die ihm an der Front verborgen geblieben waren.

Tagebuch und Briefe als Quelle für die neue Kulturgeschichte des Weltkriegs
Kesslers aus dem Felde an seine Freunde gesandten Briefe werden damit neben dem in dieser Zeit besonders minutiös geführten Tagebuch zu einer ganz herausragenden Quelle für einen neuen Blick auf den Krieg und gewinnen in der gegenwärtigen Forschungslandschaft eminente Bedeutung.
Die ganz traditionelle Kriegsgeschichte befasste sich vornehmlich mit dem Krieg aus der Perspektive von oben, mit den

grundlegenden strategischen Entscheidungen der Obersten Heeresleitungen und deren Auseinandersetzung mit der politischen Führung. Daneben standen relativ isoliert die meist hagiographischen Geschichten einzelner Regimenter. Im letzten Drittel des vergangenen Jahrhunderts trat dann eine strukturalistisch-sozialgeschichtliche Sicht in den Vordergrund, die unter anderem die Organisation der Kriegswirtschaft, die Auswirkungen der kriegsbedingten Inflation, den Arbeitssektor und die allgemeinen Folgen für die europäischen Gesellschaften beleuchtete. In einem weiteren Schritt richteten die Historiker ihren Blick dann zunehmend auf die so genannte »Alltagsgeschichte«, den »Krieg des kleinen Mannes«, wobei das einzelne Individuum und sein »Kriegserlebnis« in den Vordergrund gerückt wurden. Dabei wollte man indes dezidiert abrücken von der heroischen Mythisierung im Stile eines Ernst Jünger oder von den populären Weltkriegsromanen der Zwischenkriegszeit, die einer durch den verlorenen Krieg traumatisierten Generation als »Trostliteratur« gedient hatten.

Ziel dieser neuen Mentalitätsgeschichte war es, darzustellen, wie der Krieg für den einzelnen Beteiligten in seiner jeweiligen persönlichen Situation wirklich gewesen ist, unabhängig von den von außen oktroyierten zeitgenössischen oder nachträglichen Ideologisierungen, denen zu unterwerfen sich der Einzelne häufig in seinen öffentlichen Meinungsäußerungen gezwungen gesehen hatte. Damit rückten Quellen, die das unmittelbare Erleben unzensiert wiedergeben, ins Zentrum der Aufmerksamkeit: Tagebücher und Feldpostbriefe. Die neueste Entwicklung tendiert nun zu einer Geschichte der »Kriegskultur«, die die krasse Realistik des Geschehens und seine propagandistisch-ideologische Überhöhung wieder zusammenführt.

Gerade hier aber liegt der Erkenntniswert der Kesslerschen Tagebücher, und dies auf Grund der unterschiedlichen Perspektiven, aus denen er den Krieg betrachtet. Seine Aufzeichnungen sind zugleich realistische Beobachtung und ideologisch geprägte Interpretation – in der Forschung wird diese Art der Quelle auch als »Ego-Dokument« bezeichnet. Und in diese Kategorie gehören grundsätzlich auch seine Briefe. Allerdings ist sorgfältig zwischen den originalen Briefen, wie sie in Archiven überliefert sind, und der Druckfassung aus dem Jahre 1921 zu unterscheiden. Originalbriefe und Tagebuch überschneiden sich teilweise. Etliche seiner Briefe hat Kessler ganz oder auszugsweise in das Tagebuch übertragen; umgekehrt handelt es sich bei manchen Briefen im Wesentlichen nur um die leicht gekürzte Wiedergabe eines Tagebucheintrags aus den vorausgehenden Tagen. Für seinen, nur für ausgewählte Freunde und Bekannte bestimmten Privatdruck hat er die Originalfassungen zwar nicht stilistisch oder im einzelnen Wortlaut verändert, aber doch häufig um ganz signifikante Passagen gekürzt. Diese Auslassungen sagen dann über den Herausgeber Kessler des Jahres 1921 zuweilen ebenso viel aus wie der ursprüngliche Text über den einstigen, das Kriegsgeschehen beschreibenden Soldaten Kessler.

Kessler hatte es mit Militärs aller Rangstufen zu tun: Im Großen Hauptquartier bespricht er mit Ludendorff Grundzüge der geplanten Propagandaarbeit in Bern. An der Front begegnet er als Ordonanzoffizier Generalstabs- und Frontoffizieren und beobachtet sie genau. Er dient als Verbindungsoffizier bei einer österreichischen Einheit, begegnet dem Führer der polnischen Legion und späteren Staatschef Jozef Piłsudski. Er ist aber auch im Kontakt mit dem »kleinen Mann«, Leutnants, Unteroffizieren, einfachen Soldaten. Sie befragt er, als er den dienstlichen Auftrag erhält, die Kämpfe bei Czartorysk, am Styrbogen in Wolhynien, zu dokumentieren. Dafür sammelt er endlos Notizen und Material, ohne doch je einen wirklichen Überblick über den Verlauf dieser Kämpfe zu gewinnen, die eine winzige Episode unter tausend ähnlichen darstellen und die in klassischen Geschichten des Weltkriegs allenfalls als Fußnote auftauchen. Dabei wird dann die immense Distanz zwischen der höheren militärischen Führung und dem konkreten Geschehen an der Front deutlich: »Wir bekommen seit Tagen keine Nachrichten mehr, weder Briefe noch Zeitungsdienst; wir wissen Nichts von der allgemeinen Kriegslage, nicht einmal, was die

Mackensen Armee macht. Der Kommandierende sagte heute Abend richtig: Jeder Philister zu Hause kenne die Kriegslage; nur er als Kommandierender General wisse Nichts. [...] Wir kämpfen ohne jede Kenntnis des Standes der grossen Schlacht im Osten, an der wir teilnehmen.« Kesslers Sympathie liegt deutlich bei den Frontsoldaten und deren Offizieren; das Armeeoberkommando, das sich nie vorne blicken lässt, kritisiert er heftig, während er die alleroberste Führung verklärt.

Kessler schildert die Fakten, trägt mit seinem Tagebuch und besonders den Briefen, die er an zahlreiche Bekannte in der Heimat richtet, aber auch zu jener ästhetisch-ideologischen Überhöhung der Ereignisse bei, die später die Weltkriegsliteratur prägen sollte.

Tagebuch und Briefe liefern zudem wertvollste Erkenntnisse über die Kriegsgeschehnisse abseits der Front. Er berichtet über die Organisation der Kulturpropaganda mit überraschenden Einblicken, etwa wenn versucht wird, George Grosz oder John Heartfield für die deutschen Propagandaanstrengungen einzuspannen. Zahlreiche Gespräche mit Rathenau liefern Hinweise auf die Organisation der Kriegswirtschaft; Unterredungen mit hohen Beamten und Parlamentariern werfen Schlaglichter auf die innen- und außenpolitischen Hintergründe, und aus allem zusammen ergibt sich ein ungemein interessantes Bild der mentalen Verfassung der deutschen Führungsschichten.

Republikaner, Völkerbundspropagandist und Pazifist
Im Gegensatz zu Walther Rathenau, der die Katastrophe der Niederlage frühzeitig hat heraufdämmern sehen, kam für Kessler die Erkenntnis sehr spät, erst im Oktober 1918 – dafür war der Schock umso heftiger. Anders als die allermeisten seiner Vorkriegsbekannten hat er sich der Weimarer Republik dann aber resolut, grundsätzlich und dauerhaft zugewandt, ohne indes je wirklich in ihr heimisch zu werden. Die Kriegsmaschinerie hatte letztlich versagt, damit ändert sich Kesslers Blick auf die preußisch-deutsche Militärtradition – er spricht nun durchaus kritisch vom »preußischem Militarismus«. Die Beobach-

tung des Wütens der Soldateska und der Freikorps bei der Niederschlagung der Märzunruhen von 1919 verstärkt die Distanz. Das Scheitern der traditionellen Diplomatie macht Kessler zum Anhänger der Völkerbundsidee, der er fortan ganz sein politisches Wirken widmet, und dies bringt ihn in enge Verbindung zum organisierten Pazifismus. Er setzt sich energisch für friedliche Streitschlichtung ein und wendet sich entschieden gegen die geheimen Machenschaften der Reichswehr. Doch wird er keineswegs zum idealistischen Radikalpazifisten, propagiert nie eine völlige Abschaffung des Militärs. Es verblüfft dabei, dass sich bei Kessler auch jetzt, wie vor 1914, keinerlei grundlegende Reflektionen über Sinn und Zweck des Militärs oder des Soldatseins finden.

In diesem Zusammenhang ist auch der Druck der Feldpostbriefe von besonderem Interesse. Kessler druckt sie kommentarlos ab, ohne ihren Inhalt oder sich selbst als deren Verfasser in irgendeiner Weise explizit zu hinterfragen. Indirekt jedoch distanziert er sich ganz offensichtlich von seinen einstigen, teilweise sehr ausführlichen politischen Überlegungen, die sich ganz im Rahmen extremster wilhelminischer Siegfriedens-Erwartungen gehalten hatten, indem er sie vollständig streicht. Offensichtlich findet er sie nun nicht mehr zeitgemäß, wohl auch kompromittierend; und in der Tat hatte er sich unter dem Schock des Kriegsendes vollständig von ihnen gelöst. Das Politische also hat er gestrichen, es war ihm fremd geworden. Die Passagen, in denen er die Ästhetik des Krieges und der Schlachtfeldlandschaft, das »schöne Soldatenleben« mit teilweise durchaus peinlichen Schwärmereien geschildert hatte, hingegen lässt er unangetastet. Das Kriegserlebnis als solches fasziniert ihn auch jetzt noch.

Wirklich in Frage gestellt hat Kessler das Militärische und Soldatische nie. Gelegentlich blitzt immer wieder etwas wie Nostalgie auf. In einem nach 1924 geschriebenen Curriculum Vitae beurteilt er seine Potsdamer Einjährigenzeit weiterhin uneingeschränkt positiv. In der Weimarer Republik, die ihm grau und deren Personal ihm spieß- und kleinbürgerlich vorkommt, scheint er gelegentlich, durchaus wider besseres Wissen, ein wenig dem Glanz des vergangenen Kaiserreichs, den festlichen Roben und den Parade-Uniformen nachzutrauern. Der Ästhet bleibt unbefriedigt.

Leicht überarbeitete Fassung eines Beitrags in: Militärgeschichte. Zeitschrift für historische Bildung, Heft 1/2010, S. 12-15

Sabine Carbon

Im Osten was Neues

Harry Graf Kessler, Sohn eines deutschen Bankiers und einer
irischen Adeligen, wuchs in Frankreich, Deutschland und England
auf. Mit 24 Jahren hatte er die Welt bereist. Seine Weltläufigkeit
steht außer Frage. Und doch war er bis dahin noch nicht dem
ganz Fremden begegnet. Dieses Fremde lag nur ein paar
hundert Kilometer entfernt von Berlin an der Ostfront des Ersten
Weltkriegs. Aus einer mit kultureller Bedeutung geladenen Welt
kommend, erlebte Kessler an der Ostfront das Nichts, den Punkt,
an dem alle Beschreibungen, Kunst und Literatur versagen
mussten:

»... er glaubte, ich sei tot. Ich hatte aber eigentlich Nichts
empfunden, - oder Etwas so Verworrenes, ein solches Durchein-
ander kaum geborener erstickter Gedanke, ein so formloses
leeres Warten auf etwas Ungeheures, das sich nicht denken lässt,
- dass es dem Nichts gleich war.« (Brief an Eberhard von Bodenhausen, Ökörmezö, 23.3.1915)

Im August 1914 ist Harry Graf Kessler 46 Jahre alt, kein junger
Mann mehr, eher in einem Alter, in dem viele Männer in eine
Midlife Crisis geraten und sich noch einmal wie 20 fühlen wollen.
Für Kessler, der in den besten Kreisen verkehrt, Politiker und
Schlachtenlenker persönlich kennt, die interessantesten Orte der
Welt gesehen und viel mehr erlebt hat als der Durchschnitts-
mensch, ist der Krieg dennoch Abenteuer und Befreiung -
genauso wie für Tausende junger Soldaten dieser Zeit, die aber
im Gegensatz zu Kessler die Welt nicht kennen.

»Alles ist sich klar darüber, dass dieser Krieg Deutschland die
Weltherrschaft oder den Untergang bringen muss. Seit Napoleon
ist kein so hohes Spiel gespielt worden.« (Tagebücher, 3.8.1914)

Dies schreibt Kessler am 3. August 1914 in sein Tagebuch und es
klingt, als es gehe es um eine Runde Roulette im Casino, so

27

maßlos und gleichzeitig leicht dahin geschrieben wirkt der Gedanke. Doch es ist nur ein extremer Ausschlag auf der Kesslerschen Lebenslinie, die der amerikanische Historiker und Kessler-Biograph Laird M. Easton einmal als »Fieberkurve« bezeichnet hat. Die unterschiedlichen Seelen, die in Kesslers Brust wohnen, liefern sich gerade im Krieg erbarmungslose Gefechte.

Lange weigert sich der Kulturmensch, die Entsetzlichkeiten des Krieges zu sehen. Stattdessen schirmt er sich mit Bildungsfragmenten gegen den Schrecken ab und erschafft das Gemälde eines heroischen Abenteuers. Der Abgrund ist so tief, dass er versucht ihn auf der Oberfläche geistiger Gemälde zu bannen.

»So hoffe ich, dass wir in zwei Monaten mit den Russen fertig sind. Sie werden, glaube ich, zusammenbrechen wie die Romanfiguren Dostojewskis in plötzlicher, unrettbarer, vollständiger Auflösung ... In diesen herrlich klaren Januartagen ist es ein Glück, bloss zu leben, bloss hinein zu galoppieren im Morgenwinde über die weite Ebene ...« (Brief an Hugo von Hofmannsthal, Huszt, 27.1.1915)

»Es ist zugleich ein wild-romantisches Abenteuer und eines der größten, kühnsten Unternehmungen der Kriegsgeschichte... dieser Übergang über ein felsiges, menschenleeres Hochgebirge, dass ein Vergleich selbst mit klassischen Kriegsabenteuern, wie Hannibals Übergang über die Alpen, den deutschen und österreichischen Armeen nicht gerecht wird.« (Brief an Gustav Richter, Huszt, 27.1.1915)

Der Krieg an der Ostfront, in Polen, Russland und den Karpaten wurde schon von Churchill als »The Unknown War«[1] beschrieben. Er verpuffte neben der Materialschlacht an der Westfront im unwegsamen Gelände, in den einsamen menschenleeren Gebirgslandschaften der Karpaten. Der Versuch der österreichisch-ungarischen Armee gemeinsam mit den deutschen Verbündeten die russische Front vom winterlich unwegsamen Gebirge her aufzurollen, war ein militärischer Willkürakt, der übermenschliche Anstrengungen verlangte und hohe Verluste billigend in Kauf nahm, ein altmodischer Krieg, geführt mit moderner megalomaner Hybris. Kessler rechtfertigte dieses eher »phantastische« Unternehmen gegenüber Hofmannsthal als eine Art psychologisches Experiment.

»Man muss unsere Truppen sehen, um zu wissen, was ... eine siegreiche Armee ist; welch unwiderstehliche Kraft das Bewusstsein giebt, die erste Armee der Welt zu sein... . Ohne diesen Geist wäre auch unser ganzes Unternehmen phantastisch...« (Brief an Hugo von Hofmannsthal, Huszt, 27.1.1915)

Nach einem halben Jahr Kriegsgeschehen erlebt Hugo von Hofmannsthal seinen Freund Kessler als einen Mann auf seinem körperlichen Höhepunkt:

»Er sah unglaublich wohl aus und war nie so männlich schön wie jetzt, er ist mit der Uniform und dieser ganzen Lebenslage völlig zusammengewachsen.«[2] (Brief Hugo von Hofmannsthals an Ottonie Gräfin Degenfeld, 7.3.1915)

Im Krieg erlebt Kessler eine paradoxe Umkehrung seines Lebensentwurfs. Mit der ihm eigenen Souveränität fügt sich der ungebundene moderne Weltbürger in den nationalen Auftrag, den Apparat des Militärs. Er fühlt sich als bedeutsamer Teil eines Ganzen und es tut ihm erstaunlich gut. Kaum je in seinem vorherigen Leben hatte er sich in Strukturen einordnen wollen und müssen. Er hatte mögliche Karrieren als Jurist oder Bankier ausgeschlagen und auf die größtmögliche Freiheit des reichen Privatiers und Kunstmäzens gesetzt. Seine einzige feste Stelle als Museumsdirektor in Weimar hatte er nach kurzer Zeit wieder verloren, weil er seine Souveränität über Geschmack und Prüderie sogar des Kaisers gesetzt hatte. Nun aber ist er Offizier und betrachtet den Krieg als seine Aufgabe. Und er nimmt sie vollkommen ernst. Das »wir« und das »uns«, die Gruppe, die

Nation werden für den kosmopolitischen Individualisten zum Bezugsrahmen – selbstverständlich, denn Kriege und ihre Notwendigkeit sind Anfang des 20. Jahrhunderts ein noch nicht angetastetes Paradigma. Erst im Verlauf dieses ersten mechanisierten (Welt-)Krieges mit seiner bis dahin unbekannten Material- und Menschenschlacht wird sich das ändern.

Vor allem aber geht Kessler auf in der Männerwelt der Armee. Den »Makel« der Homosexualität, des unverheirateten Mannes, der seine gesellschaftliche Stellung wegen Ehelosigkeit nicht vollständig ausfüllen kann, spürt er an der Front nicht. Schon einmal, während seines Militärdienstes als junger Mann in Potsdam, als er sich in seinen Kameraden Otto von Dungern verliebte, hatte der Militärdienst für Kessler eine erotische Dimension entfaltet und diese scheint er nun auch als reiferer Mann – oder gerade jetzt – zu genießen. Der Erste Weltkrieg ist ein Krieg der jungen Männer, und der Ästhet fühlt sich darin manchmal wie im antiken Griechenland, das er träumend in ein zeitgenössisches Deutschland verwandelt:

»Wir haben hier Kompagnieführer von 17 Jahren. (...) Ich habe in den Kämpfen der letzten Wochen mehrere solcher durch den Krieg emporgetriebene, ganz junge Führer kennen gelernt. Was wird aus dem Typus im Frieden werden?« (...) »Der griechische Todesgott, der schöne Jüngling, nicht das pathetische Skelett herrscht hier. Woher kommen diese Sophokleischen Figuren? Aus welchen Tiefen unseres deutschen Wesens zieht der Tod diese Leichtigkeit? Sie muss in uns, und nur in uns sein; (...) »Wird ihre Schönheit verblühen? (...) Oder wird als eine dieser Früchte etwas von ihrer adligen Leichtigkeit dem neuen deutschen Menschen eigen bleiben?« (Brief an Dorothea von Bodenhausen, Sawerinowka, 16.11.1915)

»Die adelige Leichtigkeit« des neuen deutschen Menschen! Bis zu einem gewissen Punkt scheint der Krieg für Kessler eine Art lebensphilosophischer Katharsis zu bewirken, in deren Folge das

Alte hinweggefegt wird und der neue deutsche Jüngling sich aus dem dicken Marmorblock der Geschichte schält, ein Typus irgendwo zwischen antikem Helden, englischem Gentleman und kernigem Proletarier - Sinnbild des Neuen, das sich mit der Moderne schon in den Jahren vor dem Ersten Weltkrieg angedeutet hat und jetzt mit Gewalt hervorzubrechen scheint. Wie so oft steht Kessler mit einem Bein noch im 19. Jahrhundert und versucht dabei das Panorama des Neuen, des Modernen zu überblicken. So auch mitten im Krieg, mitten in den Karpaten: Während sich im eisigen Schnee des Karpatenfeldzuges Tragödien ereignen und die Südarmee nur wenige hundert Meter am Tag vorrücken kann, quartiert sich Kessler mit einem hoffnungsvollen jungen Mann in einer Hütte ein und betrachtet das Geschehen draußen wie einen Kinofilm. Das altmodische, gelesene Gedicht prallt auf das neue Konzept des Kinos, bukolische Glückseligkeit auf die Schrecken des 20. Jahrhunderts.

»Ich hause hier in einer winzigen Blockhütte, die immer mehr einschneit, mit einem sehr lieben, netten, jungen Husaren, zusammen, dem ich manchmal Gedichte vorlese und der seinerseits Musik macht (Mundharmonika!) Den ganzen Tag ziehen abenteuerlich aussehende Kolonnen im Schneetreiben auf der Straße vor unserer Hütte vorüber. ... Man sitzt wie im Kino...«

Kessler sitzt nicht im Schützengraben, seine Stellung beim Militär ist privilegiert, und so gelingt es ihm über weite Strecken die Kriegserlebnisse in bekannte Genreszenen zu übersetzen. Doch es gibt Brüche in diesem virtuellen Kulturraum, den der Graf um sich aufgespannt hat. Manchmal stockt der Fluss der Bilder und Entwürfe am Existentiellen, Furchtbaren, Schrecklichen, Grenzenlosen:

»Die Toten liegen hier in einer Art von provisorischer Kameradschaft mitten zwischen den Lebenden; die Grenze verwischt sich fast...« (Brief an Helene von Nostitz, Ökörmezö, 9.5.1915)

Was die Briefe mehr noch als die Tagebücher verdeutlichen, ist der Versuch, sich selbst Mut zuzusprechen. Kesslers Glaube an die Überlegenheit der deutschen Truppen und die damit verbundene Siegesgewissheit sollten in ihrer Bedeutung nicht überschätzt werden. Die Lebensgefahr im Krieg erfordert manchmal psychologische Mittel gegen Resignation und Todesangst. Jeder Brief, den Kessler an seine Freunde Gustav Richter, Eberhard von Bodenhausen, dessen Frau, Hugo von Hofmannsthal und Helene von Nostitz schreibt, ist das Zeugnis eines Menschen, der sein Überleben als zivilisierter Kulturmensch dokumentieren möchte. So betrachtet er die Szenen des Krieges wie Bilder im Museum, oder Szenen eines Theaterstückes. Oder er betätigt sich als Ethnologe, beschreibt detailliert Trachten, Bräuche, ethnische und nationale Charaktere; ähnlich wie er es schon 1898 in seinen »Notizen über Mexiko« praktizierte oder in den Tagebuchaufzeichnungen seiner Weltreise von 1892. Auch dort verdichtet er seine Beobachtungen zu Bildern vermeintlicher Volks- und Nationalcharaktere und schreckt nicht vor deutlichen, nicht immer schmeichelhaften Kategorisierungen zurück.

Aus heutiger Sicht klingt das rassistisch, doch es ist um die Jahrhundertwende der gebildete Normalton. Die Welt beginnt gerade international zu werden, Kunst- und Modeströmungen ziehen über die Weltmeere, da besteht Bedarf an ordnenden Kategorien, die dem Fremden, noch nicht ganz Begriffenen, Struktur und Identifizierbarkeit geben. In den Notizen über Mexiko kann man lesen:

»Diese südliche Menge steht der blonden, nordischen ebenso sehr an sozial wertvollen Trieben nach wie der tropische Einzelmensch dem Europäer an Charakter: an Willensstärke und innerem Reichtum.«[3]

In den Feldpostbriefen schreibt Kessler vom Russen, der »zum Sklaven geboren« sei und von jüdischen »geduckten Kaftangestalten«. All das hat nichts mit dem Krieg zu tun. Es sind Wesenszüge, die Kessler an Völkern und Nationen ohne Ansehung von politischem Freund- oder Feindschaften zu erkennen glaubt. Immer wieder auch lobt er die Kriegsgegner – im menschlichen Umgang oder gar als begnadete Erbauer von Schützengräben. Aber den blauäugigen blonden Ruthenen bringt er die größte Wertschätzung entgegen, und die verbündeten Österreicher rechnet er bereits dem Balkan zu. Das immer wieder problematische Verhältnis zu seinem österreichischen Freund Hofmannsthal wird vor diesem Hintergrund in einem seiner Kriegsbriefe manifest. Ausgerechnet Hofmannsthal gegenüber lässt er sich aus über die moralischen Schwächen der österreichisch-ungarischen Soldaten, deren bequemes Laisser-faire er gegen die preußische Disziplin setzt:

»Da wird nun der weitgehende Mangel gerade an diesen Eigenschaften, ich meine an »common sense« und nüchterner Tüchtigkeit und Präzision, die einem leider bei dem Durchschnitte des österreich-ungarischen Heeres auf allen Stufen auffällt, die Schlampigkeit und geistige Trägheit, die wie ein Krebsschaden in die Seele hineinfressen, ein politisch bedenkliches Symptom.« (Brief an Hugo von Hofmannsthal, Ökörmezö, 1.2.1915)

Diese Spitzen richten sich offenkundig nicht nur gegen die österreichischen Soldaten, sondern auch gegen Hofmannsthal, den Österreicher mit jüdischem Hintergrund. Schon 1908 hatte Kessler während einer gemeinsamen griechischen Reise über den Dichterfreund bemerkt: »Irgendwo ist offenbar eine Differenz zwischen uns im Taktgefühl, vielleicht ein Rassenunterschied.«

Der Vielvölkerstaat Österreich-Ungarn lässt Kessler auch im Krieg keine Ruhe. Im November 1915, nach endlosen Kämpfen am Bug bei Czartorysk, benennt Kessler das »österreichische Übel« noch genauer: »Sie leiden eben an zwei fürchterlichen Übeln: der Vielheit ihrer Nationalitäten und der Wiener Gemütlichkeit;« (Brief an Eberhard von Bodenhausen, Czartorysk, 25.11.1915)

Seine Gedanken über die »Vielheit der Nationalitäten« gründen bei Kessler aber nicht in Rassismus, sondern in anderen Überzeugungen. 1892 schreibt er auf seiner Reise durch Indien, wo seine Mutter aufwuchs und die mütterliche Familie der Kolonialmacht England diente:

»Die Straßen wieder voll von Vertretern aller Stämme und Religionen Indiens. Ihre Mannichfaltigkeit und ihr gegenseitiger Hass sind es, die die englische Herrschaft möglich machen.« (Tagebücher, Bombay, 29.6.1892)

Ähnliches muss er beim Blick auf das versagende multiethnische Heer Österreichs gedacht haben. Aber der in Bombay niedergeschriebene Gedanke gibt auch einen Hinweis darauf, woher der manchmal übertrieben geäußerte deutsche Patriotismus Kesslers kommen mag. Während seiner Internatszeit im englischen Ascot war er der Deutsche gewesen und er hatte das englische Gegenmodell kennengelernt, den kolonialen Welterfolg, der ihm durch seine mütterliche Familie auch in die eigene Geschichte mit eingeschrieben war, der aber im Widerspruch zu seiner deutschen Lebenswelt stand.

Der Krieg wühlt nun all diese losen Enden seiner Biographie auf, sein Weltbürgertum, sein Bedürfnis als gesellschaftlicher Außenseiter anerkannt zu sein und gerade auf »männlichem« Terrain zu brillieren, seine Versuche von Selbstverortung, die oft nur im Gegenentwurf des Anderen möglich sind, sein Hin- und Hergerissensein zwischen Establishment und der Lust auf alle Facetten des Lebens, der Blasiertheit seiner Klasse und der echten Anteilnahme am Leid anderer, schließlich der Kampf zwischen den Paradigmata der Tradition und dem unvoreingenommenen Blick auf das ganz Neue.

Kessler spürt den Gärprozess der Weltgeschichte, der sich im Ersten Weltkrieg entlädt, und er verortet – nicht anders als Musil – Österreich auf der Verliererseite des Gestrigen. Die Hinweise auf eine neue Welt nach dem Krieg sind zahlreich. Dass nach diesem Krieg alles anders sein wird, ist für Kessler von Anfang an eine ausgemachte Sache. Mehr und mehr nimmt sie im Verlauf des Krieges radikalere Züge an. Kessler sieht das deutsche Heer kollabieren und erlebt die Führungsschwächen des Generalstabes und des Kaisers. Das alte System ist verrottet, so das Resumee. Etwas anderes muss an seine Stelle. Schlaglichtartig leuchten Ideen auf, die das Heroische des Kriegsgeschehens und den nationalen Stolz unterminieren; daneben aber auch die Erkenntnis, dass das Neue bereits da ist. Kessler erkennt überraschend früh und klarsichtig, ohne noch die Materialschlachten an der Westfront kennen gelernt zu haben, dass dieser Krieg neuen modernen und kalten Gesetzen gehorcht:

»Der moderne Krieg ist in seinem Wesen alles andere als romantisch. Es ist ein gigantisches, geschäftliches Unternehmen, dessen Hauptarbeit in Büros, an Schreibtisch und Telephon, geleistet wird.« (Brief an Dorothea von Bodenhausen, Czenstochau, 25.11.1914)

Die Fieberkurve des Krieges katapultiert den Sohn dreier Vaterländer schließlich auf ein gedankliches Plateau, von dem aus sich bereits die pazifistischen, republikanischen Ideen übersehen lassen, die Kesslers Wirken nach dem Ende des Krieges bestimmen werden.

[1] Winston Churchill, The Unknown War, London 1923-1927

[2] Hugo von Hofmannsthal, Ottonie Gräfin Degenfeld, Briefwechsel, Frankfurt 1986

[3] Harry Graf Kessler, Notizen über Mexico, Frankfurt 1998

Felix Brusberg

Der Privatdruck aus der Sicht eines Sammlers

Schon als Zwölfjähriger interessierte sich Harry Graf Kessler für Buchgestaltung und Typographie. Es wurde eine Leidenschaft, die ihn zeitlebens begleitete. Beim Blick auf den Privatdruck seiner Feldpostbriefe stellt sich daher die Frage: Wie konnte der bibliophile Ästhet ein formal so anspruchsloses Buch unter seiner Leitung und auf seiner eigenen Presse drucken lassen? Immerhin hat Kessler mit seiner Cranach-Presse Bücher geschaffen, von denen einige zu den schönsten des 20. Jahrhunderts zählen. Einen Großteil seines Vermögens hat er für ebendiese Presse ausgegeben – was ihn letztendlich in den Ruin trieb.

Die folgenden Ausführungen versuchen, die Umstände der Drucklegung der »Feldpostbriefe« ein wenig aufzuhellen und aufzuzeigen, warum die Ausgabe von 1921 dennoch einen besonderen Platz in meiner Sammlung einnimmt und ich den Band als bibliophile Rarität, als Rarum ansehe.

Zwischen 1918 und 1922 stand die buchkünstlerische Ausrichtung der Cranach-Presse nicht im Fokus der Aufmerksamkeit ihres Gründers. Vielmehr wurde die Presse vor allem im Zusammenhang mit Kesslers politischen Aktivitäten in Gang gehalten. So wurden ab 1918 zunächst vorwiegend politische Schriften in der Werkstatt gedruckt oder zumindest gesetzt (»Richtlinien für einen wahren Völkerbund«, »Komitee Kinderhölle«, »Wiedergutmachung und Arbeiterschaft« sowie »Nationalität«). Erst das Buch »Krieg und Zusammenbruch – Aus Feldpostbriefen von Harry Graf Kessler« führt die Presse in einem ersten vorsichtigen Schritt zurück zur Buchkunst – wenn auch tatsächlich äußerst zurückhaltend. Kessler hatte das Manuskript seiner Feldpostbriefe schon während des Krieges zum Setzen der Presse in der Kurthstraße in Weimar übergeben. Das Projekt wurde jedoch dann, vor allem wohl bedingt durch die Kriegsniederlage, zunächst zurückgestellt und durch das Hinzufügen von Nachkriegstexten aktualisiert.

War neben Kesslers ausgeprägten politischen Interessen möglicherweise auch seine beeinträchtigte Gesundheit im Jahr 1921 Ursache für den anspruchslosen Druck? Leider geben seine Tagebucheinträge keine Auskunft über die Umstände der Drucklegung. Kessler scheint es bei diesem Band in erster Linie um den Inhalt gegangen zu sein, den er nicht durch die Gestaltung des Buches ästhetisieren wollte: Briefe aus dem Krieg und Briefe über den Krieg. Es ist eine Auswahl persönlicher Dokumente, die er während des Krieges an Freunde versandte und die er nach dem Krieg auch anderen Freunden zugänglich machen wollte. Die Publikation dieser 35 Briefe war nicht für den Handel und die Öffentlichkeit bestimmt und kursierte, verbunden mit der Bitte um Vertraulichkeit, lediglich in Kesslers Freundeskreis. So schreibt er an Anton Kippenberg, den Leiter des Insel-Verlages, dass er um vertrauliche Handhabung des Bandes bitte, »nicht weil große Geheimnisse darin stehen, sondern weil ich kein Freund von in die Welt geworfenen Memoiren Lebender bin.«[1]

In den Tagebüchern Kesslers sind vereinzelt Begebenheiten, die ebenfalls in den Feldpostbriefen behandelt werden, wiederzufinden; wenn auch zumeist mit anderen Worten. In der Regel ergänzen die Briefe sehr reizvoll die Tagebucheinträge und vice versa. Allerdings waren die Tagebücher sehr wahrscheinlich nie für eine eigenständige Veröffentlichung gedacht, allenfalls als spätere Grundlage für Aufsätze oder seine Erinnerungen, deren ersten Band er aus dem Exil noch 1935 im Fischer-Verlag veröffentlichen, aber deren zweiten Teil er aufgrund seiner angeschlagenen Gesundheit und schließlich seines Todes 1937 nicht mehr fertigstellen konnte. Die Feldpostbriefe hingegen waren immer schon an ein Gegenüber gerichtet und wenn auch sicherlich nicht unmittelbar, so doch im weiteren Verlauf des Krieges, als eigenständige Publikation gedacht.[2]

1921 kommt es zur Drucklegung in einer einfachen beigen Broschur mit der Titel-Lithografie von Georg Mathéy[3]. Die Auflage beträgt insgesamt 130 Exemplare, davon 100 auf

Maschinenbütten und 30 auf Maillol-Kessler-Bütten[4]. Als Druck-schrift wählt er die Caslon-Antiqua in Rot und Schwarz. Einzig die Titel-Lithografie ist in ihrem expressionistischen Ausdruck beeindruckend. Aber weder die Typographie noch das Papier der 100 einfacher ausgestatteten Exemplare vermögen zu begeistern. Und so werden Sammler von *schönen* Büchern den Band »Krieg und Zusammenbruch« eher nicht zum Objekt ihrer Begierde machen. Dennoch betrachte ich den Band als biblio-phile Rarität und ordne ihn als besonderes Rarum meiner Samm-lung ein.

Bibliothekare und Bibliophile haben sich seit Jahrhunderten mit der Definition von Rara beschäftigt und sind der Frage nachge-gangen, warum manche Bücher einen besonderen Stellenwert in einer Bibliothek einnehmen und andere nicht. Dabei spielt nicht nur die Bedeutung, die Seltenheit oder der wirtschaftliche Wert eine Rolle[5]. Manche Definitionsmerkmale haben sich erhalten, andere werden heutzutage vernachlässigt, wieder andere sind hinzugekommen; aber eine einheitliche und anerkannte Definition von Rara gibt es bis heute nicht.

Eines müssen Rara allerdings immer sein: *selten.* 50 oder weniger gedruckte oder zumindest erhaltene Exemplare eines Buches gibt das Lexikon des Bibliothekswesens für ein Rarum an. Wie viele der im Jahr 1921 gedruckten 130 Exemplare der Feldpostbriefe die Zerstörungen des Zweiten Weltkriegs und die Zeit bis heute überdauert haben, ist ungewiss. Es bleibt spekulativ aber es mögen nicht mehr als wenige Dutzend sein. Der Antiquar Heri-bert Tenschert nennt so etwas »von empfindlicher Seltenheit«. Während der 15 Jahre die ich nach dem Band suchte, blätterte ich erfolglos etliche Antiquariats- und Auktionskataloge nach einem entsprechenden Angebot durch, zahlreiche Antiquariate suchte ich auf. Später kam die weltweit ausgerichtete Internetre-cherche hinzu, bis ich vor einigen Jahren endlich ein Exemplar in einem Antiquariat in Berlin, wenige hundert Meter Luftlinie von meiner Wohnung entfernt, erwerben konnte.

Es dient heute als Vorlage für dieses Faksimile.

Wie aber steht es um die *Kostbarkeit*, die gemeinhin neben der Seltenheit zur Bestimmung von Rara hinzukommen muss? Die Ausgabe der Feldpostbriefe von 1921 ist, wenn auch selten, sicher kein *kostbarer* Druck im eigentlichen Sinne, obwohl er auf einer der berühmtesten deutschen Pressen, der Cranach-Presse, hergestellt worden ist. Aber wie wäre ein Preis festzulegen, fehlt es doch an einer Anzahl von Vergleichsmöglichkeiten?

»Heutzutage kennen die Leute von allem den Preis und von nichts den Wert«, so Oscar Wilde vor über hundert Jahren. Dieses Zitat führt vor Augen, dass es nicht nur – wenn überhaupt – der monetäre, sondern auch der intrinsische Wert ist, der berücksichtigt werden muss; somit also die wertvollen Eigenschaften, die zum Buch selbst gehören und es zu dem machen, was es ist. Man sieht es dem Buch äußerlich nicht an. Es sind tatsächliche oder zugeschriebene Eigenschaften, die den *Wert* deutlich steigern können.

Beim Lesen des Bandes »Krieg und Zusammenbruch« ergibt sich eine der seltenen Gelegenheiten, sich einbilden zu können, man käme nicht nur der Person Kesslers ein wenig näher, sondern wäre vielmehr Teil eines von ihm ausgewählten illustren Zirkels; ein Mitglied des seinerzeit 130 Personen umfassenden Empfängerkreises. Jeder Büchersammler, egal ob er sich nun mit dem Schaffen und Wirken einer Person beschäftigt oder nicht, wird nachvollziehen können, dass der persönliche Charakter eines Buches den Reiz ungemein erhöhen kann, dieses in die eigene Bibliothek einzugliedern. Warum sonst lassen Menschen sich Bücher signieren? Die Vergangenheit der Bücher, ihre Aura und das Graben des Sammlers nach seinen eigenen Erinnerungen und Erlebnissen gehen ineinander über. Die erworbenen Objekte sind die Zeitmaschinen des Sammlers. Sie ermöglichen es, Zusammenhänge herzustellen und zu phantasieren, scheinbare oder tatsächliche Sinneseindrücke früherer Zeiten nachzuempfinden.

Walter Benjamin spricht 1931 in seinem Essay »Ich packe meine Bibliothek aus« von der »Springflut der Erinnerungen, die gegen jeden Sammler anrollt, der sich mit dem Seinen befasst.«[6]

»Jede Leidenschaft grenzt ja ans Chaos, die sammlerische aber an das der Erinnerung... Zeitalter, Landschaft, Handwerker, Besitzer, von denen es stammt – sie alle rücken für den wahren Sammler in jedem Einzelnen seiner Besitztümer zu einer magischen Enzyklopädie zusammen. ...Es ist die tiefste Bezauberung des Sammlers, das einzelne in einen Bannkreis einzuschließen... Man hat nur einen Sammler zu beobachten, wie er die Gegenstände seiner Vitrine handhabt. Kaum hält er sie in Händen, so scheint er inspiriert durch sie hindurch, in ihre Ferne zu schauen.«

Seltenheit und Kostbarkeit, die monetäre wie die intrinsische, reichen jedoch allein nicht zur Bestimmung von Rara. Gemeinhin muss mindestens noch das *besondere Interesse* hinzukommen. So schreibt der französische Buchhändler und Bibliograph Jacques-Charles Brunet im Vorwort der 1860 bis 1880 erschienenen Auflagen von »Manuel du libraire et de l'amateur de livres«[7], dass für ihn die Seltenheit und der Preis eines Buches in unmittelbarer Abhängigkeit stehen. Hinzukommen muss jedoch die Nachfrage nach dem Buch, da, so Brunet, bei etlichen Veröffentlichungen die Zahl der interessierten und somit potentiellen Leser (und damit auch der Käufer sowie möglicher Sammler) noch geringer sei als die der erhaltenen Exemplare. So bestimmen nach Brunet erst Seltenheit plus Nachfrage, also das *besondere Interesse* an einem Druck, den Preis. Diese eher merkantil ausgerichtete Definition einer bibliophilen Rarität hat sicherlich bis heute ihre Berechtigung, zumindest als Teilaspekt.

Für Harry Graf Kessler, seine Texte und seine Cranach-Presse besteht dieses *besondere Interesse,* was allein die Vielzahl neuerer Publikationen beeindruckend belegt.
Als Sammler habe ich mich gefragt, ob ich die privat gehaltene Buchausgabe der Feldpostbriefe von 1921 überhaupt als

Faksimile drucken lassen »darf«. Nicht aus Rücksicht auf Graf Kessler oder aus rechtlichen, sondern aus moralischen Gründen – aus »kollegialer« Rücksichtnahme auf andere Sammler, die das gleiche Buch besitzen und auf den Sammlern ab und an eigenen Narzissmus. Beschädigt die Faksimile-Ausgabe der Feldpostbriefe möglicherweise neben dem zu vernachlässigenden monetären auch ein wenig den intrinsischen Wert der Originalausgabe? Es hatte und hat immer schon für manchen Sammler seinen (eitlen) Reiz, ein lesenswertes Buch, welches eine Rarität und aufgrund seiner Seltenheit nur wenigen Menschen vorbehalten ist, zu besitzen und lesen zu können. Ganz so, als wäre man durch ein unsichtbares Band mit all jenen Besitzern der Originalausgabe verbunden und Mitglied in einem geheimen Club, bei dem man nicht weiß, wer Zugang hat.

In einer Zeit, in der jede noch so sinnlose Beliebigkeit an die Öffentlichkeit gezerrt und veröffentlicht wird, ist es wohltuend, Geheimnisse zu bewahren; und somit nicht alles, was machbar ist oder sogar wert wäre, veröffentlicht zu werden, auch umzusetzen.

Der Entschluss, das Exemplar meiner Sammlung als Vorlage für das Faksimile zu verwenden und gemeinsam mit Sabine Carbon herauszugeben, beruht zum einen auf Entdeckerfreude verbunden mit dem immer noch fast ungläubigen Staunen, dass diese wunderbare Prosa seit ihrer Entstehung der Öffentlichkeit nicht zugänglich gemacht wurde, dass niemand zuvor die Initiative ergriffen hat, diesen Schatz zu bergen. Zum anderen und nicht zu guter Letzt geschieht der Schritt der Herausgabe dieses Rarums aus Wertschätzung, die der Sammler Harry Graf Kessler und seinem Schaffen entgegenbringt. Diese geht einher mit der großen Freude, diese Kassette, das Faksimile mit dem Begleitband, mit Gleichgesinnten zu publizieren und Kesslers Feldpostbriefe seinem bereits bekannten schriftstellerischen Werk als überaus lesenswerte Ergänzung hinzuzufügen.

[1] Renate Müller-Krumbach »Harry Graf Kessler und die Cranach-Presse in Weimar«, Maximilian-Gesellschaft 1969, Seite 38 ff.

[2] Siehe Anmerkung unter 1 ebd.

[3] Der Graphiker Georg Alexander Mathéy (geb. 13. September 1884 in Hermannstadt/ Siebenbürgen; gestorben Januar 1968 in Buchendorf, jetzt Gauting) studierte Architektur an der Technischen Hochschule Budapest, später Malerei, Buchkunst und Graphik an der Staatlichen Kunstgewerbeschule in Berlin, wo er Meisterschüler des Buch- und Schriftkünstlers E.R. Weiss wurde. 1920 wurde Mathéy von Walter Tiemann als Leiter der Werkstätten für Buch- und Steindruck an die Staatliche Akademie für graphische Künste und Buchgewerbe in Leipzig berufen.

[4] Da Kessler das zu seiner Zeit auf dem Markt befindliche Büttenpapier nicht qualitätvoll genug erschien, gründete er zusammen mit Caspard Maillol, einem Neffen des Bildhauers Aristide Maillol, eine eigene Papierfabrik in Frankreich. Dort wurde das nach den Eigentümern benannte Maillol-Kessler-Büttenpapier für die Drucke der Cranach-Presse gefertigt.

[5] Dr. Christiane Lauterbach: »Rara, Rariora, Rarissima - Vom langen Weg zur Kenntnis des seltenen und kostbaren Buches« In: Imprimatur, N. F. 19, 2005, S. 9–28.

[6] Walter Benjamin »Ich packe meine Bibliothek aus – Eine Rede über das Sammeln« (1931), in: Angelus Novus – Ausgewählte Schriften, Seite 170, Suhrkamp-Verlag (1966)

[7] Siehe Anmerkung zu 5 ebd.

Die Adressaten der Feldpostbriefe:

Hans Eberhard Freiherr von Bodenhausen, genannt Degener, geboren am 12. Juni 1868 in Wiesbaden, gestorben am 6. Mai 1918 in Meineweh und seine Frau **Dorothea Elisabeth Eva Marie**, genannt Dora von Bodenhausen, geb. Gräfin von Degenfeld-Schonburg, geboren am 3. April 1877, gestorben 1969 in Ascona. Eberhard von Bodenhausen war Jurist, Kunsthistoriker und Unternehmer. Er gründete die Troponwerke für Eiweißnahrung und sorgte dafür, dass Henry van de Velde die bahnbrechende künstlerische Plakat- und Verpackungsgestaltung für diese Firma übernahm. Als Eberhard von Bodenhausen 1918 starb, war er kurz zuvor Aufsichtsratsvorsitzender der Friedrich Krupp AG in Essen geworden. Kessler und Bodenhausen freundeten sich bereits während ihrer Studienzeit an. Bodenhausen war unter anderem wie Kessler Gründungsmitglied der Kunstgenossenschaft PAN sowie des Deutschen Künstlerbundes.

Hugo von Hofmannsthal (eigentlich Hugo Laurenz August Hofmann, Edler von Hofmannsthal), geboren am 1. Februar 1874 in Wien, gestorben am 15. Juli 1929 in Rodaun bei Wien. Der Schriftsteller, Dramatiker, Lyriker, Librettist und Mitbegründer der Salzburger Festspiele war bis 1910, als es zum Zwist über den Anteil von Kesslers Mitarbeit am »Rosenkavalier« kam, einer der engsten Wegbegleiter Kesslers.

Helene von Nostitz, geborene von Benckendorff und Hindenburg, geboren am 18. November 1878 in Berlin, gestorben am 17. Juli 1944 in Bassenheim. Die Nichte des Feldmarschalls Hindenburg war Schriftstellerin und führte in Berlin einen Salon, in dem sich Politiker und Künstler begegneten. Sie war eng befreundet mit Kessler, Hofmannsthal und Rilke. In ihrem Buch »Aus dem alten Europa« beschreibt sie auch eine Gesellschaft in Kesslers Wohnhaus in Weimar.

Gustav Richter (d. J.), genannt Musch, Maler, geboren 1869, gestorben 1943. Sohn von Cornelie Richter (Tochter des Komponisten Giacomo Meyerbeer) und des Malers Gustav Richter. Gustav (Musch) Richter hatte wie Harry Graf Kessler in Leipzig Jura studiert, war Mitglied der Canitz-Gesellschaft und der Kunstgenossenschaft PAN. Im Salon seiner Mutter am Pariser Platz in Berlin und in Wannsee verkehrte Kessler häufig. Richter sammelte wohl als erster die Feldpostbriefe Kesslers und ermöglichte so deren spätere Veröffentlichung.

Fritz Ferdinand Robert von Schoeler, geboren 1890, gestorben 1971. Landwirt und Major. Während des Krieges Oberleutnant und 1914/15 zusammen mit Kessler beim Generalstab des 24. Reserve-Korps. Er begleitete Kessler, als dieser im November 1918 für nur wenige Wochen erster deutscher Gesandter in Polen wurde.

Biografie

23. Mai 1868	Harry Clemens Ulrich Kessler wird in Paris als Sohn des deutschen Bankiers Adolf Wilhelm Kessler und der irischen Baronesse Alice Harriet Blosse Lynch als deutscher Staatsbürger geboren; Kindheitsjahre und Schulausbildung in Frankreich, England (Ascot) und Deutschland (Johanneum, Hamburg)
1877	Geburt der Schwester Wilhelma (Wilma), spätere Marquise de Brion; Taufpate ist Kaiser Wilhelm I.
1879	wird Adolf Wilhelm Kessler durch Kaiser Wilhelm I. in den erblichen Adelsstand, 1881 dann durch den Fürsten Reuß j.L. in den erblichen Grafenstand erhoben.
1888 – 1900	Jurastudium in Bonn und Leipzig; in Leipzig wird Kessler Mitglied der Canitz-Gesellschaft.
1891/92	mehrmonatige Weltreise durch die USA, Kanada, Japan, China, Indien, Ägypten
1892	einjährige Dienstzeit bei den III. Garde-Ulanen in Potsdam; Absicht, in den diplomatischen Dienst einzutreten;Kessler verkehrt in den Berliner Salons und Gesellschaften.
1895	Tod des Vaters. Kessler erbt ein großes Vermögen. Aufsichtsrat und Redaktionsmitglied der bibliophilen Zeitschrift PAN; Bekanntschaft mit Elisabeth Förster-Nietzsche und Begegnung mit ihrem bereits geisteskranken Bruder Friedrich Nietzsche
1897	Bekanntschaft mit dem belgischen Jugendstilkünstler Henry van de Velde

1898	Kessler bezieht seine Wohnung in Berlin, Köthener Straße 28, die von Henry van de Velde eingerichtet wird; hier befindet sich auch die herausragende Kunstsammlung Kesslers mit Werken von Impressionisten und Neoimpressionisten wie Renoir, van Gogh, Seurat. Seine »Notizen über Mexiko« werden bei F. Fontane & Co. veröffentlicht.
1900	Assessorexamen
1902	Auf Vermittlung Kesslers wird van de Velde zum künstlerischen Berater für Industrie und Kunsthandwerk im Großherzogtum Sachsen-Weimar ernannt. 1903 Leiter des Großherzoglichen Museums für Kunst und Kunstgewerbe in Weimar. Auf Initiative Kesslers gründet sich der Deutsche Künstlerbund. Der Maler Max Liebermann übernimmt den Vorsitz, Kessler den Vizevorsitz. Während seiner Zeit in Weimar fördert Kessler die moderne bildende Kunst mit Ausstellungen zu Monet, Manet, Renoir, Cézanne, Gauguin und die Druckkunst. Er organisiert Vorträge zur Literatur mit André Gide, Rainer Maria Rilke und Gerhart Hauptmann.
1904	Edvard Munch malt das erste Ölporträt Kesslers.
1906	Eine Ausstellung von Aktzeichnungen Rodins führt zum Skandal und erzwungenen Rücktritt vom Direktorenamt. Edvard Munch malt das große Ölporträt Kesslers, das heute in der Neuen Nationalgalerie Berlin hängt.
1907	Der Deutsche Werkbund wird gegründet. Kessler ist eines seiner frühesten Mitglieder.

1908	Griechenlandreise mit Aristide Maillol und Hugo von Hofmannsthal
1909	Hofmannsthal und Kessler entwerfen innerhalb von drei Tagen das Szenario zur Oper »Der Rosenkavalier«, zu der Richard Strauss die Musik komponiert.
1910/11	Unter der Druckleitung Kesslers erscheint im Insel Verlag Leipzig Homers »Odyssee«.
1912	In Zusammenarbeit mit Hofmannsthal entsteht das Textbuch zum Ballett »Josephslegende«, das von Richard Strauß vertont wird. Es wird 1914 von Sergej Diaghilevs Balletttruppe in Paris uraufgeführt.
1913	Einrichtung der ersten Werkstatt der Cranach-Presse in Weimar
1914	Kriegsteilnahme in Belgien, an der Ostfront und in Frankreich
1916	Leitung der deutschen Kulturpropaganda in Bern
1918/1919	Der Deutsche Arbeiter- und Soldatenrat ernennt Kessler zum deutschen Gesandten in Warschau. Die Mission scheitert nach drei Wochen, aber Kessler kann den Rückzug der deutschen Truppen aus Polen organisieren.
1919	Beschlagnahmung des mütterlichen Erbes durch die Entente
1920	Kessler macht mit seiner Schrift »Die Kinderhölle in Berlin« auf das Leid der Nachkriegszeit aufmerksam.

1922	Mitglied im Präsidium der Deutschen Friedens-gesellschaft; in diesen und
	den folgenden Jahren starkes pazifistisches Engagement und Einsatz für den Völkerbund; ein Gedenkartikel zur Ermordung Walther Rathenaus erscheint in der Neuen Rundschau.
1923	Vorlesungen über »Germany and Europe« an der Universität von Williamstown, USA
1924	erfolglose Kandidatur für ein Reichstagsman-dat der Deutschen Demokratischen Partei (DDP)
1926	Vergils »Eclogen« erscheinen als Druck der Cranach-Presse; ab Juni mehrmonatige schwere Erkrankung
1927	Die »Eclogen« werden auf der Buchkunst-ausstellung in Leipzig als schönstes Buch des Jahres prämiert.
1928	Kesslers Walther-Rathenau-Biographie erscheint und wird ein Erfolg.
1929	William Shakespeares »Hamlet« erscheint als Druck der Cranach-Presse.
1930	erneute mehrmonatige schwere Erkrankung
1932	Aufgrund finanzieller Schwierigkeiten muss Kessler die Cranach-Presse schließen; Beginn der Arbeit an dem Memoirenwerk »Gesichter und Zeiten«, von dem Kessler lediglich den ersten Teil vollenden kann
1933	Flucht und Emigration: Kessler verlässt Berlin und siedelt von Paris nach Mallorca über.

1935	Der erste Band der Memoiren erscheint auf Deutsch im Verlag S. Fischer. Zwangsversteigerung des Weimarer Besitzes und Plünderung der Berliner Wohnung Hildebrandtstraße 10; Rückkehr nach Frankreich zu seiner Schwester Wilma auf das Schloss Fournels, Pontanevaux
1936	Der erste Memoirenband erscheint auf Französisch unter dem Titel »Souvenirs d'un Européen« bei Plon in Paris.
30. Nov. 1937	Kessler stirbt mittellos in einem Krankenhaus in Lyon.

Über die Autoren

Felix Brusberg, geboren 1965, seit 1993 Kriminalbeamter, vorher ein Jahr beim Auktionshaus Christie's in London und einige Jahren im Kunsthandel in Berlin tätig. 2013 war er Mitbegründer der Harry-Graf-Kessler-Gesellschaft und ist Mitglied des Vorstandes.

Sabine Carbon, geboren 1963, Regisseurin, Autorin, Verlegerin, Produzentin, drehte 2004 den Film »Harry Graf Kessler – Der Mann der alle kannte«. Sie war 2013 Mitbegründerin der Harry-Graf-Kessler-Gesellschaft und ist Vorsitzende des Vorstandes.

Dr. Peter Grupp, geboren 1941, Historiker und Romanist, langjährige Tätigkeit im Politischen Archiv des Auswärtigen Amts in Bonn und Berlin, zahlreiche Publikationen, u.a. »Harry Graf Kessler 1868-1937. Eine Biographie«, München 1995

Florian Illies, geboren 1971, Journalist, Kunsthistoriker und Buchautor. Veröffentlichungen u.a.: »Generation Golf« und »1913«. Seit 2011 Gesellschafter des Berliner Kunstauktionshauses Villa Grisebach.

Als Quelle für alle Zitate aus den Tagebüchern Harry Graf Kesslers diente:
Harry Graf Kessler: Das Tagebuch 1880-1937, hrsg. von Roland S. Kamzelak u. Ulrich Ott, 9 Bde, Stuttgart 2010